CARNETS DU SPORT

L'Escalade

Laurent Belluard

Photographies de Stef Candé

MILAN

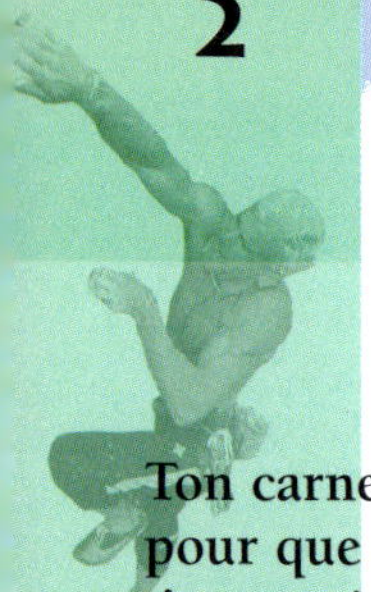

Comment utiliser ton carnet

Ton carnet a été conçu pour que tu puisses t'en servir facilement : grâce à son petit format, tu peux le glisser dans ta poche ou dans ton sac, et l'avoir ainsi avec toi dans ta chambre, ou à l'entraînement.

42 CARNETS DU SPO

Aborder le dévers

Se retrouver plus ou moins pendu par les bras, e dévers, risque de te perturber. C'est une techni différente.

En dévers, la pesanteur fait moins appuyer naturellement le de ton corps sur tes pieds. Pour rester au contact du rocher, grimper de côté, un pied en carre externe ou en lolotte. L'esc en dévers est beaucoup plus balancée qu'en dalle.

Les problèm

- La pesanteu est désormais permanente.
- Les pieds ne demandent q sortir des pris Tu as des diff à pousser des
- Les avant-b chauffent rapidement !

Rester groupé

Puisqu'il est difficile d'appuyer pieds, autant ne pas être complètement détendu. En re plutôt groupé, tu économises l'énergie, donc tes forces !

HISTOIRE LIEUX RÉC

Les encadrés te donnent des indications générales mais aussi des informations supplémentaires.

Un découpage en couleurs, situé en bas de page, t'indique aussitôt dans quelle partie du carnet tu te trouves.

Sommaire

Ce carnet te permettra d'entrer dans l'univers technique de l'escalade, un sport qui, s'il te passionne, t'emmènera vers les sommets.
Tu y découvriras les lieux où pratiquer l'escalade, et une description du matériel et des techniques nécessaires pour t'entraîner en toute sécurité : les freins, les cordes, les dégaines, le baudrier, les nœuds, les prises de mains et de pieds n'auront plus de secret pour toi.
Sport jeune, sport extrême, l'escalade est néanmoins à la portée de tous ; tu en apprendras les règles fondamentales dans cet indispensable manuel.

L'ESCALADE

solutions

lutter contre la pesanteur, tu n'as que ta technique comme
Essaie de poser un maximum de poids sur les pieds, comme
ais en dalle. Pour cela, tu dois gainer ton corps, c'est-à-dire
re rigide en serrant
ominaux.
ême, en gainant, ton bassin
ouver à nouveau au-dessus
pieds. Du coup, ils ne
ont plus s'enfuir des prises !
e, si tes fesses pendent
vide, elles entraînent
du corps. De plus, essaie
er les prises avec tes orteils.
économiser tes avant-bras,
e grimper bras tendus.
e bien et n'oublie pas
ayer de temps à autre,
-dire de laisser pendre
es bras dans le vide
ps de le soulager.

Si tu restes de face, tu ne peux pas aller chercher des prises en tendant le bras.

En tournant simplement les épaules (en t'enroulant autour de ton bras), tu vas chercher sans problème des prises bien plus éloignées.

ÉRIEL TECHNIQUE GLOSSAIRE

Les photographies te servent de support pour bien visualiser le geste technique.

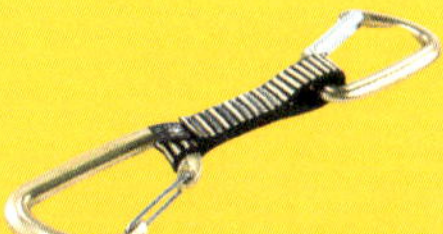

Un peu d'histoire

L'escalade est issue de l'alpinisme, de la conquête des sommets. Depuis la fin des années soixante-dix, elle est devenue un sport à part entière.

Naissance d'un nouveau sport

Patrick Edlinger, appelé l'Ange blond, a révélé l'escalade au grand public avec ses films.

Dès le sixième degré, les alpinistes grimpent en artificiel, en utilisant des échelles ou des pitons. Le but est de franchir l'obstacle, et peu importe la forme ou les moyens. Mais certains grimpeurs ont voulu réaliser leurs ascensions sans l'aide de matériel. Le geste est devenu essentiel et des grimpeurs ont inventé les bases de la technique d'aujourd'hui. Le matériel a évolué également.

On a découvert des falaises courtes, avec des voies qui ne vont pas nécessairement au sommet. C'est ainsi que l'escalade libre est née.

L'Américaine Lynn Hill a été la première à réussir là où les hommes avaient échoué, en réalisant en libre l'escalade du Nose, une voie de 1 000 mètres de haut, au Yosemite (États-Unis).

Le début de l'extrême

À la fin des années soixante-dix, un Américain de passage dans le Verdon montre la voie à suivre. Alors que les Français sont encore dans le 6, il réalise un 7b+. L'écart est énorme : un vrai gouffre. Mais les Français retiennent la leçon. Dix ans après, ils deviennent les leaders mondiaux. Le 8 arrive dès le début des années 80. En 85, les premières compétitions réunissent le gratin mondial.

Isabelle Patissier a montré que l'escalade se conjugue aussi au féminin.

L'ère moderne

Les Français dominent la compétition. François Legrand remporte les trois premiers titres de champion du monde... En falaise, les filles s'illustrent. Avec Lynn Hill ou Isabelle Patissier, l'escalade devient gracieuse et leur niveau est proche de celui des hommes. Dix, vingt, cinquante, cent sites majeurs sont découverts. Aujourd'hui, on compte plus de mille falaises différentes en France.

Le top niveau

En falaise, Fred Rouhling enchaîne un 9b « Akira », une voie non répétée. À vue, le Suisse Élie Chevieux est le premier à franchir le cap du 8b+, pour 8a+ chez les filles. Après travail, l'Espagnole Josune Baraciartu a réussi un 8c+ !

Fred Rouhling, spécialiste des voies extrêmes, a été le premier à annoncer une cotation de 9b, c'est-à-dire ce qui serait la voie la plus difficile au monde.

Lieux de pratique

Tu peux grimper en falaise, dans des sites de blocs ou en salle d'escalade.

Ragtime, une voie en 5+, idéale pour une première découverte des grandes parois du Verdon.

Les falaises

Elles sont généralement hautes d'une trentaine de mètres mais peuvent dépasser 300 mètres. Si la voie fait plusieurs longueurs de corde, tu repars de chaque relais intermédiaire comme si tu étais au sol. Toutes les voies portent un nom de baptême et une cotation.

Le respect de la nature

Les falaises se trouvent souvent dans des endroits magnifiques. Tu dois être très vigilant à ton attitude. Ramène toujours tes déchets, ramène aussi ceux que les autres oublient de ramasser. Ne détruis pas les sentiers d'accès, ni la flore. Évite de crier trop fort : d'autres grimpeurs peuvent vouloir un peu de calme. Et quand une envie se fait pressante... éloigne-toi pour faire tes besoins.

Les blocs de granit d'Ailefroide, dans les Hautes-Alpes. Ici, pas de corde, juste un tapis appelé crash-pad et des amis fidèles à la parade.

Les blocs

Les rochers ne sont jamais hauts.
Les passages sont fléchés et portent également un nom et une cotation, plus sévère qu'en falaise.

La magnésie

En grimpant, tu laisses de la magnésie sur les prises. Après un essai, surtout dans les voies déversantes qui ne voient pas la pluie, n'hésite pas à brosser les prises. Pour cela, tu utilises une vieille brosse à dents.

Les salles d'escalade

Elles existent dans les villes, mais tu peux aussi construire un pan dans ton garage, c'est-à-dire un plan incliné en bois sur lequel tu visses des prises en résine. C'est un bon outil d'entraînement.

L'escalade en salle permet de grimper par n'importe quel temps et de s'entraîner efficacement. Ici, il s'agit d'un pan d'escalade, c'est-à-dire l'équivalent du bloc. On peut aussi trouver des murs avec corde dans les gymnases ou les salles d'escalade.

Les cotations

Le système de cotation des voies sert à graduer la performance. Il allie un chiffre à une lettre.

Les niveaux ou les chiffres :

- **2 :** sentier escarpé où tu dois utiliser les mains.
- **3 :** l'escalade proprement dite débute mais c'est encore un peu une échelle.
- **4 :** ça se complique. Les prises sont encore bonnes, mais l'équilibre est précaire.
- **5 :** la paroi peut déjà être lisse et raide. Sans technique, tu n'as pas d'issue. Certains mouvements peuvent même être physiques et exiger beaucoup de force.
- **6 :** il y a vingt-cinq ans, c'était la cotation maximum ! Gestuelle, technique et préparation physique sont nécessaires à la réussite de voies du sixième degré. Aujourd'hui, les débutants ont tendance à aller directement dans du 6. C'est une erreur car il vaut mieux apprendre les bases tranquillement.

Daniel Dulac dans un 8 de la régio grenobloise. À ce niveau, plus rien n'est impossible.

• **7 :** escalade extrême. L'entraînement physique devient obligatoire. Et sans une bonne technique de pied, tu n'as aucune chance. Les voies peuvent être également très déversantes.

• **8 :** la technique et le physique ne suffisent plus. Il faut aussi être doué et grimper très régulièrement. Tu es tout près du top niveau !

• **9 :** le maximum réalisé jusqu'à présent. Seule une poignée de grimpeurs à travers le monde a franchi ce niveau...

La molasse de Buoux, en Provence, sûrement une des plus belles falaises au monde. Les voies font plusieurs longueurs de corde, il faut faire des relais intermédiaires.

Les sous-cotations

Chaque niveau est découpé en trois sous-cotations, en trois lettres : « a » pour « inférieur », « b » pour confirmer le chiffre et « c » pour « supérieur ». Nous avons donc le 4a, plus facile que le 4b qui est plus facile que le 4c.

Le petit « plus »

Pour compliquer le tout, on rajoute parfois un petit « plus » ici ou là. On peut donc avoir un 4c+, une voie qui est plus dure qu'un 4c mais qui ne vaut pas un 5a...

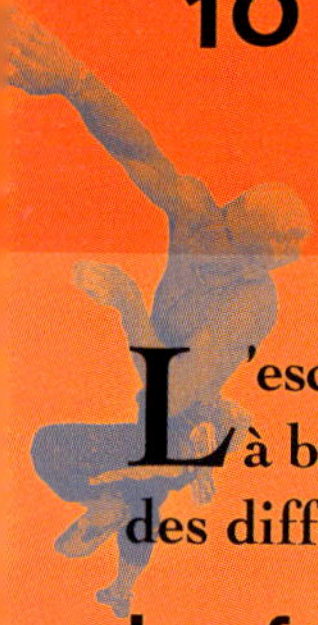

Le matériel

L'escalade n'est pas un sport dangereux si tu apprends à bien respecter les règles de sécurité et le maniement des différents matériels dont tu disposes.

Les freins

Le huit est le frein le plus fréquemment employé. Son principe est simple : en passant à travers le petit trou puis derrière le grand, la corde suit un parcours sinueux qui la ralentit.

Les autobloquants sont utilisés pour freiner la corde, comme les descendeurs ; ils peuvent aussi la bloquer. Impossible alors de laisser tomber ton camarade !

Les cordes

La corde d'attache est la plus classique, celle que tu emmènes partout. Son diamètre est de 9,5 à 11 mm, pour une longueur normale de 60 à 70 m. Elle suffit dans l'énorme majorité des voies et s'utilise sur un seul brin.

La corde d'attache dite « corde à simple » se range maintenant dans un sac. Fini le pliage !

Le casque

Il est essentiel dans ton équipement pour te protéger des chutes de pierres ou des chocs lors d'un vol.

Les dégaines

Une dégaine sert à relier le point d'assurage dans le rocher à ta corde. En général, il y a un point d'assurage tous les deux mètres environ. Un jeu de 12 dégaines te suffit.

Le baudrier est le lien entre la corde et toi. Il doit être confortable.

Les chaussons doivent être choisis petits. Ton pied est compressé et tu es très précis sur les prises. Tu as le choix entre des chaussons et des ballerines, plus souples.

Les nœuds d'encordement

C'est une phase essentielle que tu dois maîtriser les yeux fermés, sans aucune hésitation. Tu as donc le choix entre deux solutions : le nœud de chaise et le nœud en huit.

Le nœud de chaise

Facile et rapide à réaliser, il est toujours suivi d'un nœud d'arrêt pour le bloquer. Autre avantage du nœud de chaise : il se défait facilement, même après avoir été en tension.

1 Passe la corde sortant de ton baudrier dans la boucle que tu as faite sur l'autre brin.

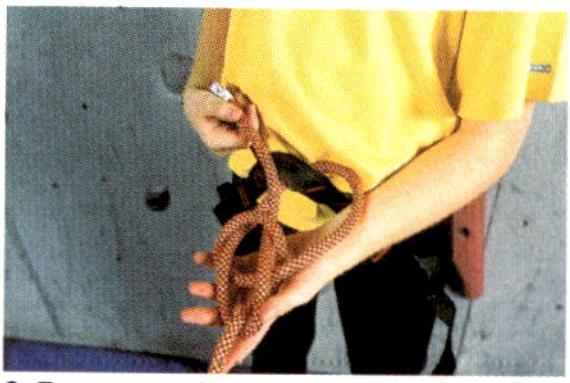

2 Passe maintenant le brin qui vient du baudrier derrière la corde, puis rentre-le à nouveau dans la boucle.

Avant de t'encorder pour grimper, répète maintes fois la réalisation de ton noeud et apprends à bien visualiser sa forme.

3 Serre le nœud pour qu'il se plaque contre le baudrier. Avec le reste, confectionne un nœud d'arrêt, c'est-à-dire un nœud classique.

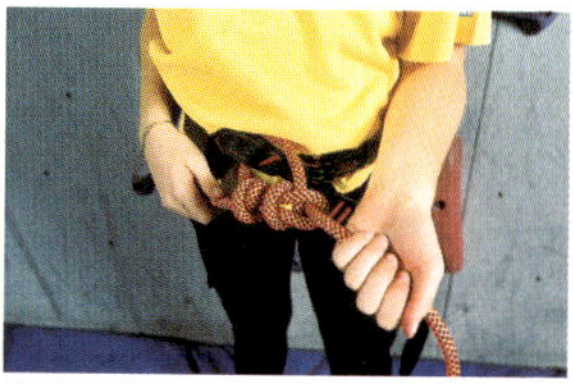

4 Voilà, ton nœud de chaise est fini. Il doit toujours avoir cette forme un peu plate.

Le nœud en huit

Plus solide mais aussi plus compliqué à réaliser, le nœud en huit est la référence. C'est un nœud reconstitué : le brin de corde prend le même passage que le premier nœud réalisé sur la corde.

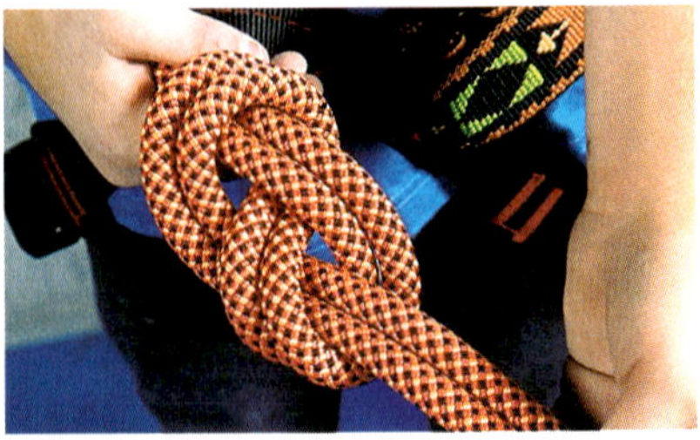

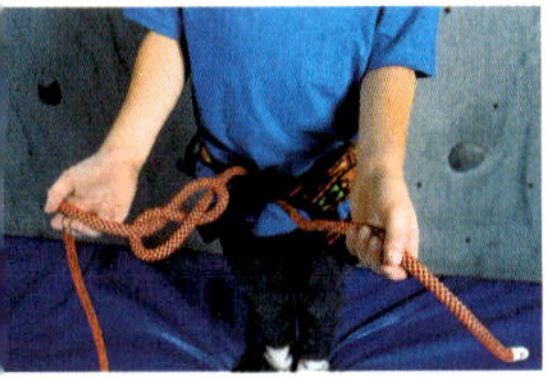

1 Fais un huit à un bon mètre du bout de corde. Mémorise bien cette forme, bien plate et symétrique.

Attention !

- Ne jamais s'interrompre pendant la fabrication du nœud d'encordement.
- Mémoriser la forme des deux nœuds pour voir immédiatement les erreurs.
- Ne jamais s'encorder sur le pontet du baudrier mais dans les boucles prévues à cet effet.

2 Passe le brin dans ton baudrier puis reconstitue le nœud. Tu dois suivre avec le brin de corde la forme du huit réalisé sur la corde.

3 Serre bien le nœud. Pas besoin de faire un nœud d'arrêt.

L'importance de la qualité des nœuds quand on est au-dessus du vide.

Les préhensions de mains

Les prises ne sont jamais les mêmes, mais tu vas retrouver des formes similaires, regroupées en six grandes familles. À chaque famille correspond un type de préhension.

L'arquée

Sur les petites prises horizontales, il faut arquer. Cette position consiste à poser les doigts comme si tu griffais la prise. Pour rendre l'arquée efficace, le pouce doit bien venir verrouiller l'arc-boutement des doigts. Attention : l'arquée est une préhension douloureuse pour les doigts.

La semi-arquée

Solution intermédiaire entre l'arquée et le tendu, elle s'utilise pour saisir des prises de taille intermédiaire. En fait, c'est la préhension favorite des grimpeurs car elle permet de développer de la force sans se faire mal aux doigts. Ici, le pouce ne vient plus recouvrir les doigts, qui sont pliés à 90°.

Le tendu

Sur les bosses et les à-plats, le tendu est la position de base. La main vient épouser la forme de la prise pour avoir un maximum d'adhérence. Tu peux aussi grimper en tendu sur la majorité des prises en fléchissant seulement la dernière phalange : sûrement la meilleure solution pour ne pas se blesser.

Le bidoigt

Les mono, bi ou tridoigts sont fonction du nombre de doigts que tu peux rentrer dans le trou qui sert de prise. Le monodoigt, très traumatisant, est à éviter autant que possible.
Les prises en bi et tridoigts, plus classiques, sont souvent meilleures en verrouillant un peu tes doigts à l'intérieur.

La pince

Comme son nom l'indique, la pince joue sur l'opposition entre le pouce et les autres doigts. Très utile sur les colonnettes, la pince joue sur l'opposition de la main et du corps.

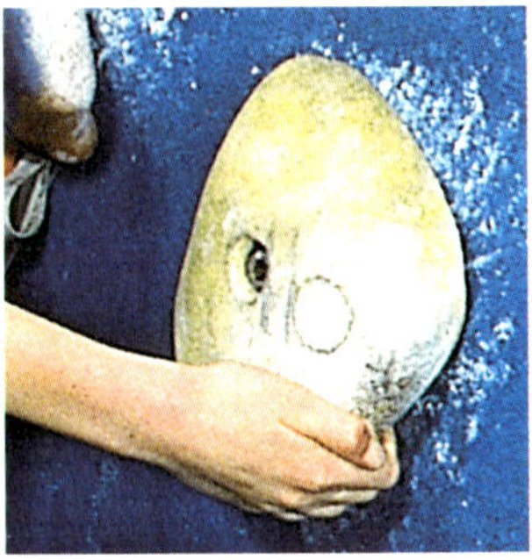

Les inversées

L'inversée est une préhension quelconque, mais inversée. Tu ne tires pas de haut en bas, mais comme si tu voulais décoller le rocher, en arrière.

Poser les pieds

Les muscles des jambes sont beaucoup plus puissants que ceux des bras. Il est donc logique d'essayer d'utiliser les pieds au maximum pour soulager les avant-bras.

L'adhérence

Plus il y a de surface de gomme en contact avec la prise, meilleure est l'adhérence. Pour cela, tu dois descendre le talon au maximum pour que le dessous du pied soit en contact avec le rocher. Tu fais une adhérence sur des à-plats ou des bossettes, et partout où il te semble plus intéressant d'enrober la prise plutôt que de poser le pied dessus.

La carre

Sur les petites prises crochetantes, tu dois être très précis. En pointe, tes orteils n'auraient pas suffisamment de puissance pour soutenir tout ton poids. En revanche, sur la carre (le plus souvent interne) du chausson, le bras de levier est moindre. Attention, ton pied n'est pas carrément de côté mais sur l'intérieur du gros orteil.

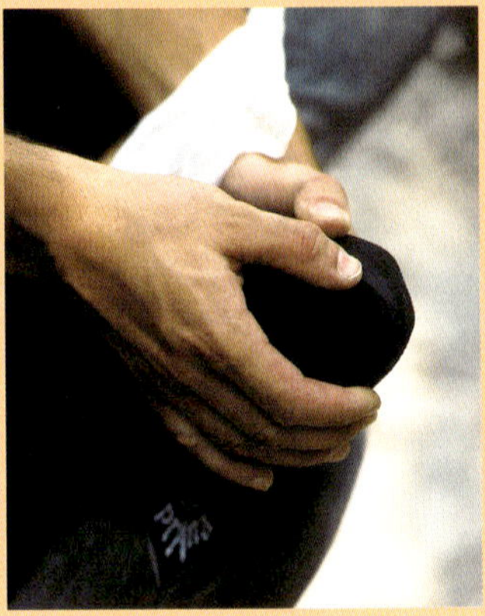

Les chaussons

Avant de grimper, tu dois faire attention à tes chaussons :

– Vérifie leur serrage. Un chausson mal lacé sera moins efficace sur les petites aspérités. De plus, lors d'un crochet de talon, tu risques de déchausser.

– Nettoie la semelle : l'adhérence de la gomme est fonction de sa propreté. Tu peux même frotter la gomme avec un peu de salive par exemple.

La pointe

On utilise la pointe du chausson pour profiter des trous, comme on utilise les doigts au niveau des mains. Il s'agit de griffer la prise avec le gros orteil en remontant le talon au maximum, à l'inverse de l'adhérence.

Le crochet de talon

Cette fois-ci, tu utilises la gomme qui enrobe ton talon pour tirer sur la prise. On trouve ce genre de mouvement en dévers uniquement, où la seule prise de pied utilisable est au niveau des prises de mains.

Les équilibres de base

Recherche toujours le meilleur équilibre afin de pouvoir lâcher une main sans entraîner un déséquilibre. C'est le B-A-BA de l'escalade.

Le placement de face

Tu réalises cet équilibre de manière complètement intuitive, sans même y penser tant il est logique. De face en carre interne, le bassin ouvert, le pied dans le vide fait balancier pendant que tu pousses sur l'autre.

Le placement de côté

Le plus souvent, tu te retrouves dans cette position quand les prises sont sur le même axe vertical. En carre externe, la seule possibilité pour ne pas partir en vrille est de s'équilibrer avec la jambe dans le vide. C'est tout simplement le principe du contrepoids.

Tu peux t'entraîner tout seul sur un pan d'escalade ou au pied d'une voie à chercher les meilleurs équilibres. C'est en essayant sans cesse que tu comprendras les grands principes de l'escalade et que tu progresseras.

Le drapeau

On parle de drapeau lorsque la jambe libre passe derrière celle qui est en appui.
Si tu n'as qu'une seule prise de pied, placée très haut et du même côté que la prise de main, tu te retrouves forcément en déséquilibre.
En posant ton pied, en carre interne, laisse ta jambe libre passer derrière l'autre pour améliorer l'équilibre.

Le cancan

On parle de cancan lorsque la jambe libre vient croiser l'autre en passant par-devant.
Même problème que pour le drapeau : les prises sont du même côté. Mais ici, attention, la prise de pied est basse. Tu utilises le cancan pour trouver l'équilibre nécessaire pour aller uniquement chercher une prise de main.
C'est donc un mouvement intermédiaire.

Grimper en dalle

La dalle est le profil le plus simple que la nature nous offre et, pourtant, ce n'est pas toujours le plus facile à grimper.

La bonne position

Pour être efficace, tu dois avoir les jambes légèrement fléchies, écartées sans excès, le bassin bien collé au rocher et les épaules en arrière :

- Les jambes fléchies : pour grimper en souplesse et pas comme un robot.
- Les jambes écartées : difficile de tenir debout en gardant les deux pieds sur le même point ! En escalade, c'est le même combat. Pour être stable, mieux vaut écarter un peu les jambes.
- Le bassin collé : pour l'équilibre en général et l'adhérence en particulier, il faut que ton poids se trouve autant que possible sur tes pieds. Il faut donc que ton bassin soit au-dessus de tes pieds, sur le même axe. Pour t'entraîner, tu peux t'amuser à accrocher un poids à ton baudrier avec 50 cm de ficelle. En grimpant, le poids doit rester au contact des pieds.
- Les épaules en arrière : si tes épaules sont bien placées, ton bassin a des chances de l'être... En prime, tu vas pouvoir décoller ton nez du caillou et voir où se cachent les prochaines prises. En dalle, les prises étant petites, donc moins visibles, il est essentiel de garder suffisamment de recul par rapport à la falaise.

La grenouille

Si tu interromps ton ascension une minute et observe la section suivante, fais la grenouille : les pieds côte à côte, les fesses presque posées sur les talons et les bras tendus. C'est une bonne position de repos pour les mollets et pour les bras. Comme tu es regroupé, l'équilibre est mieux assuré. Attention, il faut être souple du bassin.

La mauvaise position

C'est l'inverse de la bonne ! Les jambes sont trop serrées, le bassin très en arrière et la tête touche le caillou... Tout faux !

Pourquoi je m'assure ?

La chaîne d'assurage

La chaîne d'assurage est constituée de tous les points concernés lors d'une chute : le baudrier, les dégaines, la corde. En effet, rien ne sert d'avoir une corde solide si le baudrier ne l'est pas, etc.

Grimper encordé

L'escalade est dite libre depuis que le matériel ne sert plus qu'à assurer une éventuelle chute, sans t'aider dans ta progression. L'évolution du matériel fait qu'aujourd'hui, tu peux chuter sans risque si tu suis correctement les conseils de sécurité.

La moulinette

Avant de grimper en tête, en traînant la corde derrière toi, mieux vaut découvrir les premières sensations de la verticalité en moulinette, c'est-à-dire avec la corde au-dessus de toi. Ici, pas de risque de chute, la corde étant déjà presque tendue.

L'assureur doit être très vigilant. C'est lui qui prend en charge la sécurité. Il doit suivre ta progression en avalant le mou de la corde au fur et à mesure que tu montes. Si une boucle de corde se forme devant toi, tu dois le prévenir en criant : « Avale ! ».

La mise en place

Ton moniteur ou ton accompagnateur doit impérativement poser la moulinette sur un relais constitué de deux points d'ancrage reliés par une chaîne, en utilisant un mousqueton à vis. Dans certaines falaises, il est possible d'accéder au sommet des voies par un simple sentier. Sinon, tu peux aussi demander à une personne sympathique d'aller te poser ta corde. L'entraide reste une des valeurs fortes de l'escalade.

La corde passe bien dans le maillon du relais, relié à deux points ancrés dans le rocher. Fais toujours attention que la corde ne vrille pas ou qu'elle ne frotte pas contre une arête de roche. Attention ! Ne jamais faire de moulinette sur une sangle : elle ne résiste pas aux frottements de la corde !

En moulinette, une fois la dernière dégaine de la voie enlevée, il n'y a plus que le relais pour tenir la corde. Tu dois toujours bien vérifier l'installation avant de te laisser descendre ou d'envoyer ton camarade dans la rue.

Grimper en tête

Après avoir découvert l'escalade en second, tu dois grimper en tête. Maintenant, tu traînes ta corde et dois placer les dégaines pour t'assurer. À chaque grosse erreur, c'est la chute !

La chute

Le passage à l'escalade en tête, c'est un peu comme le jour où tu as fait du vélo sans roulettes : une autre dimension, une liberté nouvelle mais aussi l'angoisse de la chute. L'équipement des voies modernes permet des chutes ne dépassant que rarement les cinq mètres. Cinq mètres... Si ça te paraît minime, voire ridicule, vu d'en haut, c'est comme être debout sur la rambarde d'un balcon au premier étage d'un immeuble !

Le principe de la chute

La chute est équivalente à la longueur de corde dépassant le point d'assurage, multipliée par deux. Il faut également rajouter l'élasticité de la corde et le mou nécessaire à ta progression.

voie est parfaitement équipée.
e premier point d'assurage
situé immédiatement après
départ du relais. Les points
ınts sont nombreux, de bonne
qualité et rapprochés.
Prochain point d'assurage
Dernier point d'assurage mousquetonné par le leader. Comme il est quasiment au niveau de ce point, sa hauteur de chute sera faible. Il se retrouvera entre les deux points précédents.
2e point d'assurage mousquetonné
S'il n'y avait que ce point d'assurage entre le leader et le second, en cas de chute, le leader tomberait à coup sûr sur le second. Danger !
1er point d'assurage mousquetonné
Point de renvoi sur le relais
Le second, vaché sur le relais, ne quitte pas son leader des yeux. Il donne le mou juste suffisant. Trop de mou ? Sanction immédiate : son leader lui tombe dessus en cas de chute.

Le mousquetonnage

Pour bien grimper, tu dois économiser tes mouvements.
Dans cet esprit, la phase du mousquetonnage est cruciale pour trois raisons majeures :

- **l'exposition :** tu as déjà les pieds au-dessus du point d'assurage et tu dois en plus prendre du mou pour mousquetonner. Si tu tombes à cet instant, tu prends une sacrée gamelle !
- **les points d'appui :** pour mousquetonner, tu dois lâcher une main pendant plusieurs secondes. Tu te retrouves donc dans une situation précaire.
- **le temps :** rien de plus énervant que de perdre du temps pour mousquetonner. Pourtant, contrairement aux apparences, ce n'est pas toujours aussi simple de passer la corde dans le mousqueton.

Quand faut-il mousquetonner ?

Tu ne dois pas toujours mousquetonner dès que c'est possible. Le mieux est d'avoir une bonne prise en main, quitte à faire deux mouvements supplémentaires avant de mousquetonner. En effet, à l'instant où tu peux atteindre la dégaine, tu vas devoir tirer beaucoup de mou avant de mousquetonner. Et prendre le mou avec une seule main n'est pas toujours chose facile. Tu ne dois donc pas te précipiter et bien réfléchir.

Les différentes méthodes

Avec l'index lorsque l'ouverture (le doigt) du mousqueton est tournée du côté de la main qui amène la corde. Tu bloques le dos du mousqueton avec le pouce pendant que l'index fait glisser la corde à l'intérieur. Attention, retire ton doigt à l'instant où la corde glisse dans le mousqueton sous peine de rester un peu coincé.

Avec le pouce lorsque l'ouverture du mousqueton est tournée du côté opposé à la main qui amène la corde. La mauvaise idée serait de vriller la dégaine pour mousquetonner avec l'index. Au moment de prendre la corde entre les jambes, tu dois vriller le poignet pour la poser sur ton pouce. Il ne te reste qu'à attraper le mousqueton avec le majeur puis à faire basculer la corde à l'intérieur.

Assurer un leader

L'esprit de cordée prend son sens lorsque la chute peut survenir. En assurant, tu dois toujours être sérieux car, en escalade, on ne rigole pas avec la sécurité.

Comment ça marche ?

Le premier de cordée ne doit pas être gêné par la corde. Pour cela, il faut anticiper ses manœuvres et ses besoins : donner ou reprendre du mou lors du mousquetonnage, bref, faire que le minimum de corde soit déroulé sans gêner la progression du grimpeur. Évidemment, tu dois toujours être prêt à enrayer une chute.

La position

L'assureur se tient debout, proche de la falaise au début de l'escalade, puis un peu plus en retrait. Tu ne dois jamais quitter le grimpeur des yeux, tout en veillant à ce que la corde se déroule normalement. Si un nœud s'est formé, à toi de le déceler avant qu'il ne vienne se bloquer dans le descendeur.

La technique

Peu importe le système d'assurage, l'essentiel est d'être fluide. La méthode classique demeure le fameux descendeur en huit, obligatoirement relié au baudrier par un mousqueton à vis. La corde passe dans le descendeur, les deux mains ne quittant jamais la corde. Celle qui tient le brin allant au grimpeur donne et reprend le mou, l'autre bloque la corde en cas de chute.

Les erreurs

Donne du mou ! La corde est tellement tendue que tu risques de faire tomber ton partenaire.

Impossible d'assurer assis par terre en regardant ailleurs, ni de laisser des mètres de mou traîner au sol. Autre exemple, tu ne peux pas manger un sandwich et assurer en même temps. En résumé, tu dois être concentré.

Descendre en moulinette

À force de monter, il faut bien redescendre de temps à autre… Puisque tu grimpes en tête, c'est-à-dire en mousquetonnant les points d'assurage les uns à la suite des autres, le problème est de passer la corde dans le relais afin que ton camarade puisse te redescendre.

En revanche, tu dois toujours rester assuré, et toujours bien communiquer avec ton assureur en lui signalant chacune de tes manœuvres. Et vérifie toujours chaque étape d'une manipulation.

• **1** Tu mousquetonnes le relais (une chaîne, un scellement ou deux points rapprochés) avec une dégaine. La voie est réussie. Tu aurais pu te vacher sur une longe avec deux mousquetons à vis, mais mieux vaut simplifier la manipulation au maximum.

• **2** Tu es vaché. Avale un mètre ou deux de mou puis réalise une queue de vache afin de fixer la corde sur la première dégaine que tu as posée en arrivant au relais.

• **3** Maintenant, tu défais ton nœud d'assurage et tu passes le brin dans le relais. Si tu n'avais pas fixé la corde au préalable, tu risquerais de la laisser échapper.

• **4** Refais ton nœud. Serre-le correctement puis défais la queue de vache fixant la corde. Demande à ton assureur d'avaler le mou en tendant la corde au maximum. Enlève les dégaines d'auto-assurage.

• **5** C'est parti pour la descente. Pour davantage de confort, tiens-toi perpendiculairement à la paroi, les pieds écartés pour rester stable.

• **6** Il faut encore récupérer les dégaines posées lors de la progression. Une fois que la voie est nettoyée du matériel, il suffit de tirer sur la corde pour la récupérer.

Les cabestans

Simples à réaliser, polyvalents et sûrs, ces nœuds te permettent de te vacher, d'assurer quelqu'un ou même de descendre en rappel sans autre artifice qu'un mousqueton. Incroyable, non ?

Le cabestan

Pour te vacher à un relais, rien de mieux qu'un cabestan. En effet, ces deux boucles de corde mises en opposition ont plusieurs avantages :

- tu peux facilement le faire d'une seule main ;
- tu peux aussi régler ou modifier sans problème la longueur de ta vache ;
- le cabestan est facile à desserrer, même après avoir été sous tension.

Passe la corde dans le mousqueton, à vis de préférence.

Puis attrape le brin venant d'en bas en passant derrière celui qui va à ton baudrier.

Faire un rappel sur demi-cabestan use très rapidement la corde. N'utilise cette méthode qu'en cas de secours, au cas où tu as oublié ou perdu ton descendeur par exemple.

❸ ;ais une nouvelle boucle
:t ramène-la devant l'autre
:n réalisant une vrille
ivec le poignet.

❹ Repasse cette boucle dans le mousqueton, et le tour est joué. Plus tu tires d'un côté ou de l'autre, plus le nœud se serre.

Le demi-cabestan

Ce nœud sert à assurer un second de cordée, à faire un rappel ou même à assurer un leader. Bref, il fait usage de descendeur. Un nœud à connaître sur le bout des doigts.

Même principe que pour le cabestan mais sans faire de vrille au moment de passer la seconde boucle dans le mousqueton. Attention, pour le demi-cabestan, il est obligatoire d'utiliser un mousqueton à vis, un HMS en forme de poire étant même conseillé. En effet, en se retournant, ce nœud propose deux possibilités : frein ou autobloquant. En revanche, lorsque le nœud bascule d'un côté ou de l'autre, il pourrait ouvrir un mousqueton normal.

Le rappel

Le rappel permet de redescendre en autonomie du sommet d'une voie en récupérant ta corde.

Le matériel nécessaire

Pour descendre en rappel, mieux vaut avoir une corde à double, une *corde plus fine* mais plus longue qui change de couleur en son milieu. Cela dit, dans bien des cas, ta corde d'attache de 60 ou 70 mètres suffit.

Comment ça marche ?

C'est très simple. Il suffit de passer la corde dans le relais et de la doubler. Pour être plus clair, si tu as une corde d'attache classique de 60 mètres, tu peux faire un rappel de 30 mètres maximum. Ta descente est freinée par le frottement du descendeur. Une fois au sol, tu n'as plus qu'à tirer sur l'un des brins pour « rappeler » la corde.

La préparation

Vache-toi au relais avec une longe et deux mousquetons à vis ou deux dégaines inversées. Vache également ta corde avec un cabestan, afin qu'elle ne puisse pas tomber.

Avec une corde d'attache, passe un brin dans le maillon du relais. Attrape aussi l'autre brin, noue-les ensemble puis déroule toute la corde.

Le nœud Machard

Il est simple, efficace et se réalise en une minute avec une simple boucle de cordelette de 5 mm de diamètre, enroulée autour de la corde de rappel.

Enroule la cordelette très serrée en réalisant au moins 5 boucles.

Puis repasse le reste de cordelette dans la première boucle.

Tu n'as plus qu'à relier le tout à ton baudrier avec une dégaine.

Avec une corde à double, tu n'as donc qu'à déplier chaque bobine de couleur en les jetant dans le vide. Pour prévenir les éventuelles personnes qui passeraient dessous, crie : « Corde ! »

La descente

Place ton descendeur et relie-le à ton baudrier avec le mousqueton de sécurité. Tu as confectionné ton nœud Machard avec ton morceau de cordelette (voir encadré p. 35), et tu l'as aussi relié à ton baudrier : te voilà prêt !

Enlève ton auto-assurance. Vérifie une dernière fois l'installation, et c'est parti pour la descente. La main qui freine doit se tenir proche du descendeur. Elle laisse coulisser les brins de corde venant du bas. L'autre se situe sur le nœud autobloquant sinon, celui-ci va bloquer ta descente. C'est ta sécurité au cas où... Tu peux faire une erreur de manipulation, être attaqué par un oiseau ou prendre une pierre sur la tête, bref, on ne sait jamais...

Laisse tes jambes bien perpendiculaires à la paroi et vérifie toujours en haut et en bas que ta corde soit bien positionnée.
Ne va pas trop vite car le descendeur chauffe beaucoup. Attention, ça brûle ! Une fois au sol, enlève le descendeur et l'autobloquant puis rappelle ta corde en tirant sur un brin.

Le sais-tu ?

On peut assurer la descente d'un camarade depuis le bas en tirant sur la corde aussi fort que possible. En effet, tu augmentes ainsi le frottement de la corde dans le descendeur, donc le freinage. Attention cependant, tu dois intervenir très rapidement, avant que ton camarade n'ait pris de la vitesse. Sinon, c'est déjà trop tard !

Les oppositions

Pour garder l'équilibre, tu dois mettre en opposition les forces déployées par tes deux bras et tes deux jambes.

La technique est simple : lorsque les prises ne sont pas horizontales, si la main tire dans un sens, le pied doit pousser dans l'autre. Tu opposes simplement la puissance de tes bras à celle de tes jambes.

Dans une fissure, les pieds poussent alors que les mains tirent.

La dülfer

Cette technique, employée pour grimper en fissure ou lorsque les prises sont verticales et dans le même axe, joue sur l'opposition des pieds et des mains. Sur une prise verticale, si ta main tire horizontalement, la prise devient bonne. Pour t'équilibrer, tu dois aussi pousser horizontalement sur les pieds. Après, il ne te reste qu'à remonter en alternance les mains et les pieds.

L'appui de paume

Tirer sur les bras ne fait pas tout ! Selon la disposition des prises, tu peux aussi pousser avec ta main, surtout lorsque tu dois aller chercher une prise très éloignée depuis une bonne prise de main.
Cette position t'aide à ne pas être déséquilibré avant d'avoir saisi la prise suivante.

L'écart

Écarte toujours tes pieds.
Dans un dièdre, tu peux même annuler la pesanteur en écartant les jambes de manière identique. Plus tu les décales vers l'extérieur, plus tu verrouilles ta position.

La renfougne

C'est le principe de l'écart dans une cheminée.
Le dos plaqué contre le rocher, tu pousses avec tes jambes sur la face opposée.
Garde les pieds bien hauts.

Les croisés

Parfois, tu dois faire des mouvements de traversée, à l'horizontale. Si tu ne peux pas changer de main pour les décaler, tu dois croiser les bras.

Du vocabulaire

Si tu croises par-dessus ton bras, en allant chercher une prise très éloignée, tu fais un crawl, comme en natation. En revanche, si tu passes en dessous de ton bras, la tête derrière l'épaule, alors tu viens de faire un derviche. Bref, à amplitude maximum, un croisé devient un crawl ou un derviche.

La préparation

Le plus souvent, il faut déjà croiser les pieds car, pour garder l'équilibre, mieux vaut que tes pieds suivent le mouvement. Sinon, tu vas te retrouver avec les mains d'un côté et les pieds de l'autre.

Stratégie

Si les prises de pieds sont plutôt hautes, croise par-dessus. Inversement, si elles sont assez basses, alors croise par-dessous. Comme souvent, c'est une question d'anticipation.

Le croisé

Maintenant que tu es bien placé, envoie ta main croiser par-dessus (ou dessous) l'autre. Le premier pied est placé en carre externe, l'autre venant décroiser en pointe pour préparer la suite. Garde tes jambes légèrement fléchies et le bassin collé au rocher.

Par-dessous

Par-dessus

Le décroisé

Tu vas te dérouler autour du pied posé en pointe, sans lâcher une main. Tu commences le mouvement avec une épaule contre le rocher pour le finir avec l'autre contre la falaise ! Un véritable demi-tour ! De même, ne bouge pas les pieds. Ils suivent le mouvement mais en restant sur les mêmes prises.

Aborder le dévers

Se retrouver plus ou moins pendu par les bras, en dévers, risque de te perturber. C'est une technique différente.

En dévers, la pesanteur fait moins appuyer naturellement le poids de ton corps sur tes pieds. Pour rester au contact du rocher, tu vas grimper de côté, un pied en carre externe ou en lolotte. L'escalade en dévers est beaucoup plus balancée qu'en dalle.

Les problèmes

– La pesanteur est désormais permanente.
– Les pieds ne demandent qu'à sortir des prises. Tu as des difficultés à pousser dessus.
– Les avant-bras chauffent rapidement !

Rester groupé

Puisqu'il est difficile d'appuyer sur les pieds, autant ne pas être complètement détendu. En restant plutôt groupé, tu économises de l'énergie, donc tes forces !

Les solutions

Pour lutter contre la pesanteur, tu n'as que ta technique comme alliée. Essaie de poser un maximum de poids sur les pieds, comme si tu étais en dalle. Pour cela, tu dois gainer ton corps, c'est-à-dire le rendre rigide en serrant les abdominaux.

De même, en gainant, ton bassin va se trouver à nouveau au-dessus de tes pieds. Du coup, ils ne voudront plus s'enfuir des prises ! Logique, si tes fesses pendent dans le vide, elles entraînent le reste du corps. De plus, essaie de griffer les prises avec tes orteils.

Pour économiser tes avant-bras, tente de grimper bras tendus. Respire bien et n'oublie pas de délayer de temps à autre, c'est-à-dire de laisser pendre un de tes bras dans le vide le temps de le soulager.

Si tu restes de face, tu ne peux pas aller chercher des prises en tendant le bras.

En tournant simplement les épaules (en t'enroulant autour de ton bras), tu vas chercher sans problème des prises bien plus éloignées.

Le jeté

Pour aller chercher une prise lointaine, ou lorsque tu es en déséquilibre, tu peux aller très rapidement attraper la prise suivante. C'est un jeté, un mouvement dynamique.

En escalade, la précipitation est synonyme de chute. Mais la lenteur n'arrange rien ! Tu dois trouver le juste milieu, entre rapidité et sécurité. Il y a évidemment un risque à jeter. Si tu rates la prise ou que tu es trop court, tu n'as pas de seconde chance. En effet, la vitesse du mouvement t'empêche de récupérer ton équilibre. Mais ce n'est pas mieux de rester une heure au même endroit à chercher à améliorer ta position. En revanche, pas la peine de jeter si la prise d'arrivée est petite, ou difficile à viser. L'échec est presque assuré...

La préparation et le geste

Si tu jettes, c'est que la prise est lointaine. Mieux vaut donc monter les pieds en prévision. Détends tes bras, vise bien la prise à attraper, balance un peu le corps et pousse sur les jambes. Pour réussir un jeté, il faut être bien coordonné. Ne quitte jamais la prise des yeux. Maintenant que le mouvement est entamé, autant le finir ! Si tu changes d'avis en cours de route, c'est la chute assurée.

Le jeté à 2 mains

Rien ne t'interdit de jeter les 2 mains en même temps. Ce mouvement est plus risqué car il te déséquilibre beaucoup.

La réception

C'est l'instant-clé. Dès le premier contact avec la prise, tu vas tout verrouiller :
– les abdominaux pour éviter que les pieds partent ;
– le haut du corps pour ne pas que la main lâche.
Garde ta prise de main d'appel en main jusqu'à la fin du mouvement.

Glossaire

Où peux-tu t'adresser ?
Si la pratique de l'escalade t'attire, contacte la Fédération Française de la montagne et de l'escalade,
8-10 quai de la Marne 75019 Paris
Tél. : 01 40 18 75 80
Fax : 01 40 18 75 59
www.ffme.fr

A

À vue : faire une voie à vue, c'est faire une voie sans la connaître, au premier essai.
Après travail : c'est l'inverse du « à vue ». Tu connais la voie, tu as déjà essayé les mouvements.
Arquer : prendre une petite prise en fermant les doigts.
Assurer : prévenir et enrayer la chute grâce à la corde et au système d'assurage.

B

Baudrier : matériel de sécurité que tu enfiles comme un short. Tu attaches la corde dessus.
Boule : forme de prise ressemblant plus ou moins à une boule.
Bossette : prise plate, légèrement en forme de bosse.

C

Cake : magnésie, poudre blanche utilisée pour assécher les mains.
Cancan : mouvement de jambe servant à l'équilibre.
Carre : côté du chausson, par opposition à la pointe.
Clipper : mousquetonner.
Colonnette : forme de prise venant d'une sécrétion rocheuse verticale, en coulée. Ressemble à un tuyau.
Conduit : mouvement dynamique mais pas trop, entre le statique et le jeté.
Cotation : degré de difficulté de la longueur ou du passage.
Crawl : mouvement de croisé de bras poussé à l'extrême.
Crochet : forme de pose de pied, en posant le talon sur la prise. Très utile en surplomb.
Croiser : croiser ses bras pour aller chercher la prise suivante.
Cuissard : idem baudrier.

D

Dégaine : matériel d'assurage constitué de deux mousquetons reliés par une sangle. Utilisée pour joindre le point d'assurage fixé dans le rocher à la corde fixée au grimpeur.
Délayer : laisser pendre son bras pour le reposer durant l'escalade.
Derviche : mouvement du haut du corps où la tête passe sous le bras qui tient la prise.
Descendeur : matériel d'assurage permettant d'assurer son compagnon mais aussi de descendre en rappel.
Drapeau : mouvement de jambe pour l'équilibre.
Dynamiser : donner de la vitesse à un mouvement, par opposition à grimper statique.

E

Épaule : mouvement demandant beaucoup d'efforts à l'épaule, principalement en dévers.

G

Gainer : serrer ses abdominaux pour que le corps reste droit et tendu, même en dévers.
Gaz : vide, précipice.
Gratton : petite prise de pied.
Grenouille : position d'escalade en dalle, de face, genoux écartés, comme une grenouille. Demande de la souplesse.

I

Intermédiaire : prise intermédiaire, dont tu te sers au milieu d'un mouvement pour aller à la bonne prise.

nversée : prise à l'envers, tournée ers le bas.

eter : aller chercher une prise e façon dynamique, très vite, ans chercher l'équilibre total.

ecture : lire une voie, c'est essayer e deviner à l'avance les mouvements e celle-ci.
olotte : mouvement de jambe, genou entré.
ongueur : une longueur, ou une voie. 'est à la base une longueur de corde.

léthode : c'est le meilleur moyen e franchir un pas difficile. Utiliser bonne méthode.
loulinette : technique d'assurage vec la corde venant du relais, pour rimper en second.
lousquetonner : passer n mousqueton ou une dégaine ans un point d'assurage afin 'y fixer la corde.

an : outil d'entraînement où tu fais u bloc sur prises artificielles.
as : un pas est un mouvement, 'est la bonne méthode pour franchir n passage précis.
endule : traversée horizontale endu sur la corde, comme e pendule d'une horloge.
ied-main : mouvement consistant poser le pied sur la prise de main.
iton : vieux point d'assurage enfoncé ans une fissure du rocher.
lat : forme de prise plate.
of : résine séchée utilisée en bloc our augmenter l'adhérence des mains.
oint : un point peut être un point 'assurage ou un point de repos ans une voie, c'est-à-dire un endroit ù tu t'es reposé sur la corde.
ointe : la pointe du chausson. rendre une prise en pointe, généralement un trou.
Prendre un plomb : tomber, faire une chute.

R

Rappel : technique de descente.
Relais : deux points d'assurage fixés dans le rocher au sommet de la voie et reliés par une chaîne.

S

Scellement : point d'assurage récent fixé dans le rocher à l'aide d'une colle spéciale.
Section : enchaînement de mouvements. La section dure est le passage le plus compliqué de la voie.
Semi-arquée : position à moitié recroquevillée des doigts sur une prise.
Spit : piton à expansion. Marque de matériel de fixation qui a été la première à les réaliser.
Statique : faire un mouvement statique, c'est aller chercher une prise très doucement, avec une réserve de force.

T

Tendu : position des doigts sur une prise. La main est ouverte, tendue.

V

Vache : anneau de corde permettant de t'auto-assurer.
Vaché : se dit lorsque tu t'es fixé au relais avec ta vache, ou un autre moyen d'auto-assurage.
Verrou : préhension de main consistant à vriller les doigts dans une prise pour qu'ils verrouillent. Souvent douloureux.
Vire : replat au milieu d'une falaise. L'emplacement idéal pour faire un relais.
Voler : tomber, chuter.

Z

Zapper : se tromper, grimper comme un sac, mal grimper…
Zipper : glisser du pied ou de la main.

Réalisation : Structure D, Pascale Cazenave

Loi 49.956 du 16.07.1949
Dépôt légal : 2e trimestre 2002
ISBN : 2-7459-0583-X
Imprimé en Espagne par Grafman